LECTURE EN FRANÇAIS FACILE

Opération calamar géant

Niveau 3

CATHERINE FAVRET

CLE
INTERNATIONAL

Sommaire

Chapitre 1

Ah, les vacances !!

C'était une belle nuit d'été, une lune rousse brillait dans le ciel, entre deux nuages. Le vent dans les arbres faisait un bruit léger, parfait pour s'endormir… D'ailleurs, tout le monde dormait dans la maison de campagne. Seul, Vincent, 15 ans, était réveillé. Lui, le vent dans les arbres, la lune rousse, la douce chaleur, ça ne le faisait pas dormir… Il a entendu un bruit d'eau, venant de la piscine, comme un gros floc ! Il a pensé à son gros cousin Fred : quand il plongeait, ça faisait le même bruit. Mais Fred n'était pas là, il était rentré chez lui, à Paris, la semaine précédente. Vincent a pensé : « Peut-être que quelque chose est tombé dans l'eau ? » Il est descendu pour voir… Il s'est approché de la piscine, qui faisait toujours un étrange glou-glou… Un nuage passait dans le ciel, il a caché la lune, on ne voyait presque plus rien. Vincent a commencé à avoir peur… Il n'aimait pas l'eau, il n'avait jamais aimé l'eau. Mais il était courageux, et il s'est approché de la piscine. Là, il l'a vu : un calamar, un énorme calamar, un calamar GÉANT se promenait dans la piscine de la maison des grands-parents ! Le calamar a sorti un tentacule, deux, trois tentacules, et il a accroché le pied de Vincent !!

Vincent se réveille, en sueur ! Ouf, ce n'était qu'un rêve !

Vincent reste allongé sur son lit un moment, puis il regarde par la fenêtre : le bruit qu'il a entendu dans son rêve, c'est le plongeon de son grand-père, encore plus gros que son cousin Fred !

– Eh, Vincent, ça va ? Viens te rafraîchir un peu ! lui crie son grand-père. Mais Vincent n'en a pas envie.

– Non, merci Papy, je vais me recoucher !

Il retourne dans son lit, mais il a du mal à s'endormir. Il pense : «J'en ai marre des calamars ! Marre des piscines, marre de l'eau ! Pourquoi est-ce que je dois aller là-bas ? Moi, je préfère la montagne !»

Le lendemain matin, il est toujours de mauvaise humeur. Au petit déjeuner, il dit à sa mère :

– Je dois vraiment retrouver papa en Espagne ?

Sa mère lui répond :

– Oui, mon chéri, tu le sais très bien, ton père t'attend, il t'emmènera en mer, ce sera passionnant…

– Oui, passionnant !! fait Vincent d'un air dégoûté.

Il pense vraiment le contraire !

– Mais qu'est-ce que tu as contre ton père ? demande sa mère.

– Contre mon père, rien, mais j'ai pas envie d'aller en mer…

Il faut dire que Vincent n'a pas de chance : lui, qui n'aime pas l'eau, a un père spécialiste en biologie marine et fanatique de plongée sous-marine. Et, depuis un an, son père travaille en Espagne pour une recherche scientifique concernant les calamars géants !

– Tu as encore peur de l'eau, à ton âge ? dit son grand-père.

Ah ! ce grand-père ! Des fois, il est pire que le cousin Fred ! Vincent ne répond rien et se sert un bol de chocolat au lait.

– Laisse-le tranquille, dit sa grand-mère, tu ne vois pas qu'il est fatigué ?

Mais sa mère insiste :

– On en a déjà parlé, tu n'as pas vu ton père depuis les vacances de Pâques, tu ne le reverras pas avant Noël, et en plus, moi aussi, j'ai droit à des vacances… sans toi !!

– Mais je pouvais aller en camp d'ado ! Il y a des stages d'escalade et de canyoning supers dans le sud de la France !

– Non, ça suffit l'escalade, je ne veux pas que tu risques ta vie sur des montagnes, tu es trop jeune !

– Mais, maman…

– Et puis, de toute façon, on a déjà les billets. Tu pars dans trois jours pour Madrid, ton père viendra te chercher à l'aéroport…

Vincent n'a pas envie de discuter, ni de boire son chocolat. Il se lève sans répondre et il monte bouder dans sa chambre.

Il aime bien son père, mais il n'a pas du tout envie de partir en Espagne, et encore moins d'accompagner son père sur un bateau ou de faire de la plongée ! Et puis, au collège, il est nul en espagnol, sa deuxième langue vivante !

Il allume son ordinateur. Il a un message de son père :

Fils chéri,

Je suis content de te voir bientôt. Tu verras enfin la région où j'habite, les Asturies, et tu connaîtras mes collègues, très sympas. Certains ont des enfants de ton âge, tu ne t'ennuieras pas, je te le promets. Et puis tu pratiqueras ton espagnol ! Je crois qu'Alicia, la fille d'Angel Vargas, le directeur du projet, apprend le français, vous pourrez faire des échanges !

Notre projet de filmer des calamars géants vivants avance. Nous partirons avec le bateau Investigator *le 15 août, en principe !*

Je t'envoie une carte de la région pour que tu voies où tu seras. Je te l'ai déjà dit, mais je le répète, les Asturies, c'est très vert, on dirait presque ma Bretagne natale, et il y pleut presque autant.

Prends un imperméable, un K-way! On sera chez moi, à Gijón, mais on partira en mer depuis le port de Luarca, avec l'équipe de recherche de CEPESMA et les réalisateurs du film. On ira dans la zone de pêche de Carrandi, où il y a des tas de calamars géants, à 4 000 mètres de profondeur! Cette fois-ci, je suis sûr qu'on arrivera à les filmer! C'est la meilleure époque!

Vincent regarde la carte envoyée par son père : il y a plus d'eau que de terre là-dedans! «Mais bon, après tout, ça peut être sympa si ses collègues ont des enfants!» se dit-il. Il commence à faire ses bagages, sans oublier son K-way…

Le lendemain, son billet électronique arrive : Paris-Madrid par le vol IB 3403, départ de Paris-Orly à 10 h 15, arrivée à 12 h 05.

Le surlendemain, lui et sa mère rentrent à Paris. Il pleut, et Vincent est toujours de mauvaise humeur.

– Au moins, tu auras du soleil là-bas, lui dit sa mère en l'accompagnant à l'aéroport.

– Non, il paraît qu'il pleut comme en Bretagne! répond Vincent.

– Eh bien, comme ça, tu ne seras pas obligé de te baigner!

Qu'elle est agaçante sa mère, toujours à lui rappeler ce qui lui fait mal! Eh bien, oui, il n'aime pas la mer, ni les grosses

vagues, ni la plongée… En fait, il a peur… Mais il ne dit rien de plus et il prend son avion, tout seul.

À Madrid, en sortant de l'avion, Vincent reconnecte son portable. Il a un message de son père :

> *Fils chéri, désolé ! On a capturé un calamar géant près d'ici, je dois y aller tout de suite. Ton billet pour Gijón-Asturias t'attend au comptoir Iberia. Vas-y en sortant de l'avion, tu as à peine une heure ! Si tu as un problème, appelle-moi ou appelle ta mère, ok ? bises !*

Vincent est vraiment en colère.

– Il exagère ! Même pas capable d'être à l'aéroport alors qu'on ne s'est pas vus depuis trois mois !

En attendant ses bagages, il téléphone à sa mère.

– Maman, je suis tout seul à Madrid !

– Comment tout seul ? Où est ton père ?

– En mer, avec les calamars !

– Mon pauvre chéri, je suis désolée, mais qu'est-ce que tu vas faire ? Tu veux que j'annule mon voyage et que je vienne te chercher ?

Vincent réfléchit une seconde à cette possibilité… Ça serait bien fait pour elle ! Puis il se dit que passer le reste des vacances avec sa mère n'est pas l'idéal, alors il répond :

– Non, ne t'en fais pas, je prends un avion pour Gijón, papa m'a laissé un billet au comptoir Iberia.

– Et à Gijón, ton père sera à l'aéroport ?

Zut, ni Vincent, ni son père n'ont pensé à ce problème…

– J'appelle ton père tout de suite, il va m'entendre ! dit sa mère.

– Maman, ça y est, je vois mes bagages, et je dois encore aller chercher mon billet… je dois raccrocher…

– Ne t'inquiète pas, tout va s'arranger, lui dit sa mère, je t'embrasse.

– Moi aussi, maman, dit Vincent et il raccroche.

Il récupère ses bagages puis cherche le comptoir *Iberia* avec son espagnol de cuisine.

– *Por favor, Iberia…* euh… *donde* ?

Il finit par trouver et il demande à l'hôtesse :

– Vous parlez français ?

Mais elle répond :

– *No, english.*

Aïe aïe, aïe, Vincent ne sait pas ce qui est pire, son anglais ou son espagnol… Ça dure un bon moment, mais il finit par obtenir son billet et il peut prendre son avion pour les Asturies à temps.

Vincent se trouve donc dans le deuxième avion de la journée. Il se demande ce qu'il va faire s'il n'y a personne à l'aéroport! Quel distrait, alors, son père! et avec son propre fils!

C'est un tout petit avion qui vole à très basse altitude. Vincent voit défiler l'Espagne sous le hublot. C'est joli, c'est vert par ici. Peu avant l'atterrissage, Vincent voit la mer. Berk!! Vincent ferme les yeux.

Pour comprendre le Chapitre 1

Onomatopées. Associez ces onomatopées à leur sens.
Comment on dit dans votre langue ?

Floc   Le bruit qu'on fait quand on soupire, soulagé.

Ouf   Le bruit des bulles sous l'eau.

Glou-glou   Le bruit qu'on fait quand on se fait mal.

Aïe   Le bruit de quelque chose qui tombe dans l'eau.

Boum   Le bruit qu'on fait quand on mange ou on sent quelque chose de dégoûtant, qu'on n'aime pas.

Berk   Le bruit d'une explosion.

Retrouvez le mot à partir du dessin.

TENTACULE

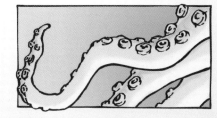

PLONGEON

Mots mêlés.

Retrouvez 6 mots liés aux voyages.

Z	A	F	T	U	N	V	H	X
X	K	L	V	A	B	K	Ô	I
A	É	R	O	P	O	R	T	L
V	Q	I	L	M	N	E	E	P
I	C	B	E	C	L	S	S	A
O	O	U	V	L	P	R	S	F
N	M	O	I	I	R	T	E	U
X	P	B	A	G	A	G	E	S
Z	T	F	R	A	B	O	N	I
X	O	S	T	E	R	I	A	M
V	I	M	B	C	I	L	T	E
P	R	N	V	T	U	M	R	L

....

....

....

....

....

Charade.

Mon premier est une lettre de l'alphabet.

Mon second est une note de musique.

Mon troisième est ce qu'on dit quand on en a assez.

Mon tout est le héros de cette histoire.

Vincent ....

Un peu de culture.

Cochez la bonne réponse.

Les Asturies, c'est une région qui se trouve :
– au nord-ouest de l'Espagne. ☑
– au nord-est de l'Espagne. ☐
– au sud-ouest de l'Espagne. ☐

Le père de Vincent est Breton.
La Bretagne, c'est une région qui se trouve :
– à l'ouest de la France. ☑
– à l'est de la France. ☐

La capitale de la Bretagne, c'est :
– Rennes. ☐
– Reims. ☐
– Nantes. ☐

L'histoire.

Cochez la bonne réponse.

– Vincent aime la mer et la montagne. ☐

– Vincent aime surtout la montagne. ☑

– Vincent aime surtout la mer. ☐

Le père de Vincent habite :

– en Bretagne. ☐

– en Espagne. ☑

– à Paris. ☐

Pour aller voir son père, Vincent :

– prend un vol direct Paris-Gijón. ☐

– prend un vol Paris-Madrid, puis un vol Madrid-Gijón. ☑

– part en voiture avec sa mère. ☐

Répondez aux questions.

– Où est Vincent au début du chapitre ? Et à la fin ? Par où est-il passé ?

– Pourquoi Vincent rêve d'un calamar géant ?

– Que fait le père de Vincent ? Où habite-t-il ?

Chapitre 2

Premières rencontres

En sortant de l'avion, Vincent rallume son portable : aucun message de son père, bizarre !! Il attend ses bagages un bon moment, mais personne ne l'appelle. Il téléphone à son père, pas de réponse. C'est à la sortie qu'il voit une femme de 45 ans environ, accompagnée d'une fille de 16-17 ans, avec une pancarte où il y a écrit : *Vincent Floch*. Vincent s'approche d'elles.

– Bonjour, dit la dame, je suis la femme d'Angel Vargas, le collègue de ton père. Ils sont allés voir le nouveau calamar, ils arriveront dans la soirée ou dans la nuit.

« Dans la nuit ? pense Vincent, il exagère ! Mais pas la peine de s'énerver. »

– Ah, elle, c'est ma fille, Alicia ! dit Isabel.

– Bonjour, dit Vincent.

– *Hola*, répond Alicia.

– *Hola*, dit Vincent en écho.

La dame prend ses valises et dit :

– Moi, c'est Isabel.

– Enchanté, dit Vincent et il les suit vers le parking, sous une petite pluie.

La fille le regarde, un peu curieuse. Il lui demande :

– Tu ne parles pas français ?

– *Qué* ? lui répond la fille. Vincent répète très doucement :

– Tu ne parles pas français ?

– Ah, dit la fille, si, *oun tout pétit peu...* et elle sourit.

« Bon, c'est déjà ça ! » pense Vincent. Il est près de 19 h. Une lumière d'automne apparaît entre les nuages. Isabel les emmène dans la ville. Elle passe devant une plage et dit :

– C'est là que ton père habite ; tu verras, c'est un très joli appartement et on a vue sur la plage de San Lorenzo.

« Bof ! pense Vincent, encore vue sur la mer ! »

Les Vargas, eux, habitent dans le centre historique.

Les voilà arrivés. Vincent pose ses affaires dans l'entrée, et Isabel lui dit :

– Tu dois avoir faim, c'est l'heure de dîner en France, mais nous, on mange un peu plus tard alors, si tu veux un apéritif !

Et elle lui sert un peu de chorizo avec des chips et un coca. Vincent se sent mieux. Il demande à Alicia :

– On sait quand ils vont arriver ?

– Comment ? demande Alicia.

Isabel répond à Vincent.

19

– Non, on ne sait pas. Tu sais, ce qui est rare, c'est de capturer des calamars géants vivants, parce qu'ils vivent à plus de 3 000 mètres de profondeur !

– Oui, je sais, dit Vincent. Et celui-là, aujourd'hui, on l'a capturé vivant ?

– Oui, c'est le premier mâle qu'on capture vivant ! un *Architeutis dux* ! C'est pour ça que ton père était si content…

– Et comment on fait pour qu'ils restent vivants une fois capturés ? Il n'y a pas d'aquarium pour calamars géants, non ?

– Non, malheureusement ! En fait, ils meurent peu après avoir été capturés. C'est pour ça qu'Angel et ton père sont partis si vite sur le bateau de pêche qui a capturé celui-là…

– Mais à quoi ça sert s'ils meurent tout de suite ? Qu'est-ce qu'on en fait ?

– On les étudie, on fait une autopsie, tu comprends ?

– Bien sûr !

Vincent comprend, mais il en a assez des calamars ! Pourtant, Isabel continue :

– À partir de l'autopsie, on sait beaucoup de choses sur l'animal… Je pense qu'Angel et ton père feront ça dès demain !

À 20 h 30, Alicia allume la télé. Aux informations, on parle de la découverte du calamar. Vincent comprend presque tout, et il voit son père accompagné d'un grand barbu roux qui

montre les tentacules de la bête : le calamar est vraiment impressionnant, là, sur le quai, à côté du chalutier !

– *Mira, papa y Gilles* ! dit Alicia.

Et Vincent comprend que le grand barbu, c'est Angel Vargas, le directeur du projet et le père d'Alicia. À la télévision, il raconte ce qu'Isabel vient de lui expliquer : c'est un mâle, le premier capturé, il est encore jeune. On va procéder à une autopsie à partir de demain, dans les locaux de CEPESMA, le centre de recherches scientifiques où ils travaillent.

«Bon, pense Vincent, encore une journée où je ne verrai pas papa ! Qu'est-ce que je suis venu faire ici ? »

Mais avant qu'il devienne vraiment triste, Alicia lui dit en souriant :

– *Tou veux…* eh… *tortilla* ?

Isabel est arrivée de la cuisine avec une omelette aux pommes de terre qui a l'air délicieuse. Alicia la coupe en petits morceaux. Vincent dit :

– *Gracias.*

Et il prend un des morceaux de tortilla sur un bout de pain, miam… c'est bon !

Quand le journal télévisé se termine, on sonne joyeusement à la porte. Ce sont Angel et son père qui arrivent, très contents :

– *Hola*, bonjour tout le monde. Vincent ! mon fils, comme je suis content de te voir !

– Salut papa ! dit Vincent en se levant du canapé.

Son père l'embrasse chaleureusement. Vincent est un peu gêné, il lui dit :

– Tu sens le poisson !

– Évidemment, répond son père, on a passé l'après-midi sur un bateau de pêche !

Toute la soirée, en français et en espagnol, les deux hommes racontent leurs aventures sur le bateau. Ils sont contents comme des enfants qui ont trouvé un trésor ! Alicia a l'air presque aussi contente qu'eux, et Isabel les regarde d'un air maternel. Vincent, lui, hésite entre faire la tête ou s'amuser lui aussi des découvertes de son père.

Après le dîner, Vincent et son père rentrent chez eux, dans l'appartement avec vue sur la plage. « Eh oui, encore et toujours la mer ! » pense Vincent, dégoûté. Il ne pleut plus, la mer pourtant est mouvementée ; on entend le grondement des vagues qui se brisent. Vincent les regarde depuis le salon, c'est vrai que c'est beau, même si c'est un peu impressionnant.

Son père lui montre sa chambre et lui dit :

23

– Mon fils, je voulais être avec toi ces jours-ci, mais avec la découverte de cet *Architeutis dux*, on va devoir faire l'autopsie très vite avec Angel. Je serai très occupé demain, je suis désolé.

Vincent répond de mauvaise humeur :

– Tu es toujours très occupé, je suis habitué ! ! De toute façon, j'ai du boulot, moi aussi, je dois réviser mon espagnol !

– Tu vas voir, ici, tu vas faire des progrès ! dit le père tout content et il embrasse Vincent sur la joue.

Le lendemain, à 9 h, un coup de sonnette réveille Vincent ! C'est Angel, accompagné de sa fille, qui vient chercher Gilles pour l'autopsie. Quand Vincent sort de sa chambre, il voit son père prêt à partir, avec sa cravate de travers et ses cheveux dans tous les sens.

– Tu veux venir avec nous ? C'est passionnant ! lui propose son père.

– Non, franchement, je n'y tiens pas trop, je n'ai pas encore pris mon petit déjeuner, répond Vincent.

– Il a raison, dit Angel à Gilles, tu sais comme ça sent mauvais, les calamars géants, avec l'odeur d'ammoniaque qui se dégage de leur chair. Alicia peut lui faire découvrir la ville et on se retrouve tous à midi. Qu'est-ce que tu en penses ?

Gilles regarde son fils :

– Qu'est-ce que tu en dis, mon fils ? Comme ça, tu pratiqueras ton espagnol…

Vincent regarde Alicia. Elle a une serviette de plage à la main, elle lui dit :

– *Nos vamos cuando quieras* ! (On part quand tu veux !)

Incroyable, il comprend ! Oui, il va se mettre à l'espagnol, et il répond :

– Ok, *vale* (d'accord).

Les deux hommes s'en vont et Vincent, après un petit déjeuner et une bonne douche, part avec Alicia.

Il fait plutôt beau aujourd'hui, mais il n'y a pas beaucoup de monde sur la plage. Tant mieux ! Alicia et lui étendent leur serviette, mais au lieu de rester tranquille sur le sable, Alicia lui dit en espagnol :

– Alors, on va nager ?

– Déjà ? dit Vincent. Attends un peu…

Il ne sait pas comment lui dire qu'il n'aime pas trop l'eau.

– Allez, viens ! lui dit Alicia et elle le tire par le bras.

Ils arrivent devant les vagues. Personne ne se baigne, il y a le drapeau jaune.

– Allez, viens, répète Alicia.

Il met les pieds dans l'eau.

– Ouh, elle est trop froide ! s'écrie Vincent. Regarde, il y a le drapeau jaune, ça veut dire que c'est dangereux !

– Non, c'est dangereux quand il y a le drapeau rouge, pas le jaune, dit Alicia.

– Mais tu sais, je ne suis pas habitué à des vagues aussi hautes, et puis je ne nage pas très bien, je n'aime pas beaucoup nager…

– Tu nages où, normalement ? demande Alicia intéressée.

– À la piscine, répond Vincent en rougissant.

– La piscine, ce n'est pas drôle… il n'y a pas de vagues.

« Justement, à moi, la piscine, ça me suffit. » pense Vincent, et il se rappelle ce rêve étrange avec le calamar géant…

Il est bien obligé de suivre Alicia. Il la voit entrer et sortir des vagues comme un dauphin ! Lui, il a peur dès qu'il n'a plus pied, et il ne sait pas comment faire. Il dit « Attends ! » à Alicia, mais il la suit pas très rassuré. Il y a des surfeurs pas très loin. Il a peur de recevoir un coup de surf. « Attention ! » Ouille, la planche de surf est passée tout près de lui ; il a bu la tasse, il tousse et cherche à reprendre pied, et là, une grosse vague lui tombe dessus, il ne peut rien faire, il est pris dans la vague, tout au fond de l'eau. Il y a beaucoup de courant et il n'arrive pas à remonter… Est-ce qu'il est en train de se noyer? Il a à peine le temps d'y penser qu'il remonte à la surface… et voit une autre vague arriver de face!

– Rentre dans la vague! lui crie Alicia en espagnol.

Il ne comprend rien, mais il sait qu'il doit faire autrement. Il suit alors le mouvement de la vague et se laisse aller, le cœur battant, la tête dans l'eau… Alicia le touche du bras…

– Ça va?

Vincent est tout blanc, tout pâle, il tremble un peu, il répond:

– Non, j'ai froid.

Ils retournent ensemble sur la plage. «Je déteste les vagues!» pense Vincent, mais il ne dit rien. Il se sèche au soleil et Alicia le regarde attentivement.

– Tu ne connais pas les vagues, c'est pour ça que tu as peur et que tu avales de l'eau. Je vais t'apprendre, tu vas voir… après, c'est drôle!

Vincent lui fait répéter pour être sûr d'avoir compris et lui dit:

– Je n'ai pas envie d'apprendre!

Elle l'énerve, cette fille, avec son air de grande sœur qui sait tout! Alicia n'insiste pas, elle se dore au soleil puis retourne toute seule se baigner. Vincent s'ennuie à mourir. Il regarde

les gens, les surfeurs, les enfants qui crient et jouent. Il fait un château de sable avec un petit garçon sur la plage… Au moins, il pratique son espagnol !

Alicia revient avec des amis qui ont bien 18 ans. Ils ont l'air costaud :

– Je te présente Kiké et Pedro, mes copains surfeurs. On va au même lycée et on fait de la plongée ensemble. On y va demain. Tu voudras venir ?

« Oh non, pas la plongée ! » pense Vincent ; il a fait un stage en piscine pour faire plaisir à son père, mais vraiment, dans cette mer déchaînée, ça ne lui dit rien. Il répond :

– On verra.

Et il regarde dans le vide en pensant « Ah, les vacances en Espagne, elles commencent bien ! »

Pour comprendre le Chapitre 2

Mots croisés. Complétez la grille à l'aide des définitions.

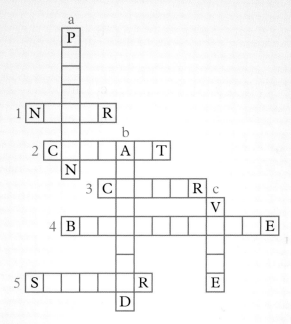

Horizontalement :

1) Action d'avancer dans l'eau en faisant des mouvements.

2) Le mouvement de l'eau.

3) Faire naufrage, sombrer.

4) Avaler de l'eau quand on nage (3 mots).

5) Verbe pronominal : mourir étouffé par l'eau, asphyxié.

Verticalement :

a) Ce qu'on fait quand on saute dans l'eau.

b) Quand on est dans l'eau et qu'on peut toucher le sol avec les pieds (2 mots).

c) Masse d'eau qui se soulève et s'abaisse.

Associez les mots et expressions à leur contraire.

être gêné • • rester calme

s'énerver • • faire quelque chose pour la première fois

avoir du boulot • • les profondeurs, le fond

être habitué • • être à l'aise

la surface • • ne rien avoir à faire

Entourez l'intrus.

se baigner – nager – monter – plonger – se mouiller

vague – courant – château de sable – abysse

Un peu de culture.

Cochez la bonne réponse.

Le calamar géant est un :

– vertébré. ☐

– invertébré. ☐

Il appartient à la classe des :

– céphalopodes. ☐

– gastéropodes. ☐

Les calamars géants sont :

– comestibles crus et cuits. ☐

– non comestibles. ☐

– très bons cuits en beignets. ☐

L'histoire.

Cochez la bonne réponse.

Angel Vargas est :
– le collègue du père de Vincent. ☐
– le père d'Isabel. ☐
– le père d'Alicia. ☐

Vincent :
– sait nager dans les vagues. ☐
– ne sait pas nager dans les vagues. ☐

Les copains d'Alicia :
– font du surf et de la plongée. ☐
– font de l'escalade et de la plongée. ☐

Répondez aux questions.

– Qui se trouve à l'aéroport de Gijón-Asturias quand Vincent arrive ? Pourquoi son père n'est pas là ?

– Qui sont Alicia et Isabel ? Elles parlent français ?

– Qu'est-ce qui arrive à Vincent sur la plage ?

– Qu'est-ce qu'on apprend sur le calamar géant ? Par qui on l'apprend ?

Chapitre 3

En attendant les calamars…

Ce jour-là et les jours suivants, Vincent retrouve son père aux heures des repas. Passionné par la découverte qu'il a faite avec ses collègues, entre deux bouchées de nourriture (« Tiens, c'est du calamar frit ! » pense Vincent), Gilles explique à son fils :

– Tu comprends, c'est passionnant, on a retrouvé des restes de crevettes et de petites sardines dans l'estomac du calamar…

« Oui, vraiment passionnant. » pense Vincent, et il écoute son père, amusé, en se disant : « Un vrai savant farfelu, ce papa ! »

Un autre jour, alors qu'ils dînent devant la télévision et voient un reportage sur les enfants du tiers-monde, son père, avec de l'émotion dans la voix, lui explique, très sérieux :

– Tu comprends, Vincent, le calamar géant, ce n'est pas seulement un rêve d'enfant comme dans Jules Verne, c'est l'occasion, peut-être, d'éradiquer le rachitisme dans le monde !

– Le quoi ? demande Vincent.

– Le rachitisme, le fait que les enfants grandissent trop peu.

Vincent se regarde : il n'est pas très grand, pas très fort, beaucoup moins grand et fort que les copains d'Alicia.

35

– Non, pas toi. Toi, tu es juste le fils de ton père, petit et mai-grichon, mais il y a des enfants comme ceux qu'on vient de voir, qui sont vraiment petits et maigres, et faibles… Et tu vois, le calamar géant, il passe de quelques centimètres à plu-sieurs mètres en à peine un an et, à 5 ans, il atteint l'âge adulte, avec une taille qui peut aller jusqu'à 20 mètres! Si on arrive à comprendre comment il grandit si vite, alors on pourra vraiment changer le monde!

Vincent observe son père. Il le voit comme il ne l'a jamais vu. Ce n'est pas simplement un savant farfelu et distrait, c'est quelqu'un de généreux aussi! Vincent se demande si, lui aussi, plus tard, il découvrira quelque chose d'important…

Quand il ne mange pas avec son père, Vincent se promène tout seul dans la ville, ou bien avec Alicia. Il a appris à ne plus avoir peur des vagues et lui a promis de refaire de la plongée avant le grand jour… Oui, le grand jour… le jour où ils embar-queront tous pour la célèbre *Opération Calamar Géant 2*! Des cinéastes, des chercheurs (et leurs deux enfants, Alicia et Vincent!) et des techniciens partiront pour la deuxième fois dans la zone de Carrandi pour tenter de filmer des calamars géants dans leur habitat naturel, à 4 000 mètres de profondeur! Ils ont essayé une première fois sans succès, en 2001. Mais là, cette fois-ci, avec de nouveaux moyens, un nouveau robot sous-marin hyper-performant, le *Nautile 7 bis*, ils pensent qu'ils vont y arriver, et filmer, en plus des calamars, toute une vie sous-marine méconnue, la vie des abysses.

Vincent a vu des documentaires sur les abysses ; l'appartement de son père est rempli d'images de la faune de ces profondeurs : des vers géants, des poissons qui ont l'air de petits monstres marins presques transparents... une horreur ! Rien que de penser qu'ils vont être au-dessus de crevasses de plus de 4 000 mètres, Vincent en a froid dans le dos ! Mais il ne dit rien. Au contraire, il fait des efforts pour participer ; il reprend des cours de plongée – en mer, cette fois – avec Alicia et ses amis. Les cours de plongée en espagnol, ce n'est pas facile ! Mais il arrive à ne plus avoir trop peur de la pression, des courants, etc., et il fait de tout petits progrès, des descentes à 3 mètres et jusqu'à 10 mètres, toujours accompagné d'Alicia qui a une petite caméra sous-marine. Elle filme tout et n'importe quoi... les algues, les poissons, et même Vincent qui se débat avec son embout ou son masque !

Vincent entend aussi parler des détails techniques de l'*Opération Calamar Géant*. Son père lui explique :

– La dernière fois, on avait mis des caméras à 800 mètres de profondeur ; cette fois-ci, avec le nouvel équipement, on va pouvoir les placer au moins à 2000 mètres !

– Mais, dit Vincent, si les calamars vivent à 3 000 ou 4 000 mètres de profondeur, ça fait encore loin ! Deux kilomètres !

– Oui, mais on pense qu'ils viennent chasser un peu plus haut.

– Et comment ils chassent ?

– On ne sait pas très bien, justement, c'est pour ça qu'on veut des images !

– Mais quand est-ce qu'on va filmer ?

– En continu, pendant 15 jours, avec des caméras-robots submersibles et des flotteurs qui nous donneront les positions des caméras au niveau de la mer. Et puis, on changera de positionnement plusieurs fois. À la fin de l'expédition, il faudra visionner des heures et des heures de film. Mais avec le *Nautile 7 bis*, on descendra jusqu'à 3 000 ou 4 000 mètres, pour des essais plus courts, en discontinu. Et là, on pourra voir les films sur le bateau !

– Mais vous êtes sûrs que vous allez les trouver, ces calamars géants ?

– Bien sûr que non, on espère, voilà tout ! On a trouvé tellement de calamars géants dans le coin ces dernières années qu'on est sûrs qu'il doit y en avoir dans les grands fonds de Carrandi.

– Tellement, tellement, tu veux dire combien ?

– Une dizaine, c'est énorme !

– Moi, ça ne me paraît pas beaucoup.

– Pense qu'il y a cent ans, on croyait que le calamar géant, c'était une histoire, un mythe !

– Et pourquoi on en trouve plus facilement maintenant ?

– Il y a deux raisons à cela : d'abord, le fait qu'on a les moyens techniques de pêcher dans les grandes profondeurs, et puis, peut-être, le réchauffement de la planète…

Vincent écoute son père, Angel et les autres scientifiques de l'expédition. Il commence à s'intéresser sérieusement au projet.

Alicia est encore plus intéressée que lui, elle est passionnée. Elle lui dit un jour :

– Pour moi, c'est clair, plus tard, je serai photographe et cinéaste des grands fonds ! Et toi ?

L'*Investigator*, le bateau qui doit les emmener à la recherche des calamars géants, est maintenant au port de Luarca. C'est un gros bateau plein de matériel sophistiqué. Vincent a rencontré son capitaine, ses marins, son cuisinier, il a même vu la minuscule cabine où il dormira avec son père, et deux autres personnes !

Le capitaine a une casquette de capitaine, comme le capitaine Haddock, mais les marins n'ont pas de T-shirt blanc rayé bleu! Seul le cuisinier, Anacleto, semble tout droit sorti de romans d'aventures. Il est Philippin et il a vécu en France, en Afrique, en Indonésie, aux États-Unis, à San Francisco. Il a été docker, marin, pêcheur de corail, garçon de café... et finalement, il est devenu cuisinier! Il est toujours prêt à raconter des histoires incroyables de ses voyages... et en français en plus, ce qui repose Vincent, qui est fatigué de parler espagnol.

Trois jours avant le départ, le calamar géant fait encore la une des journaux :

LE CALAMAR GÉANT S'ATTAQUE À UN VOILIER !

Un navigateur, qui traversait l'Atlantique en solitaire avec son voilier monocoque, a été attaqué par un calamar géant!

Heureusement, le calamar géant, qui avait pris l'arrière du voilier avec ses tentacules, s'est vite rendu compte que le bateau n'était pas un poisson, et il est parti... mais le navigateur, Cédric Mersuzon, a eu très peur!

Quand il entend la nouvelle, Vincent n'est pas très rassuré...
Il demande à son père :

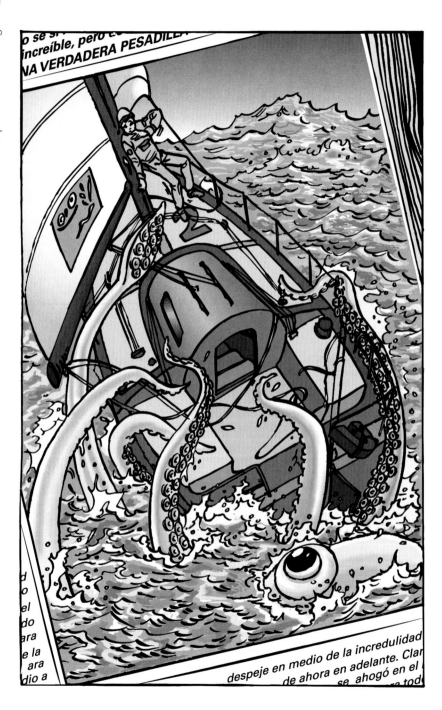

– Et s'il attaque notre bateau ?

– Tu l'as vu notre bateau, ce n'est pas un petit voilier, c'est un bateau de recherche, il est énorme !

– Tu as raison, c'est un gros bateau. Mais je croyais que les calamars géants restaient dans les profondeurs…

– Oui, en principe, mais c'est vrai que dernièrement…

– Comment vous expliquez ça, vous, les scientifiques ?

– On ne l'explique pas, mon chéri, pas encore… Pourquoi tu crois qu'on fait cette expédition ? Pour comprendre !

– Mais vous devez avoir une idée, quand même…

– Oui, on se pose des questions… On pense que la pêche s'est trop développée et qu'il n'y a peut-être pas assez de nourriture pour les calamars, dans les grands fonds ; alors, ils remontent pour voir s'ils trouvent de quoi se nourrir…

– Comme le monocoque de Mersuzon !

– Oui, c'est une possibilité, rajoute Angel… Mais il y en a une autre. Ce calamar géant a peut-être pris le bateau pour un cachalot qui allait l'attaquer ; les cachalots sont les seuls prédateurs des calamars géants…

Pour comprendre le Chapitre 3

Associez les dessins aux mots.

•   • cachalot

•   • requin

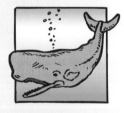

•   • sardines

•   • crevettes

•   • espadon

Associez les synonymes.

dans le coin • • être à la première page des journaux

dans les abysses • • dans les environs

faire la une • • dans les grandes profondeurs

être un mythe • • être une légende, une histoire fictive

Entourez l'intrus.

rachitique – brun – petit – nain

farfelu – bizarre – drôle – sympa – curieux

frit – bouilli – gratiné – cru

Puzzle.

Il y a six noms de métiers dans ce puzzle. Retrouvez-les.

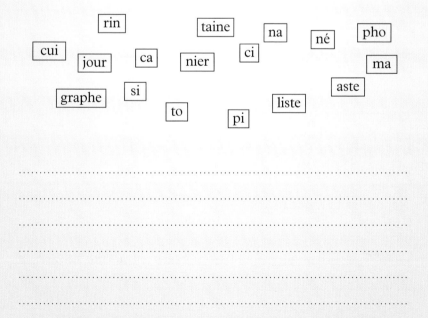

....

....

....

....

....

....

Un peu de culture.

Cochez la bonne réponse.

Dans un livre de Jules Verne, on parle d'une pieuvre géante.
Ce livre s'appelle :
– Vingt mille lieues sous les mers. ☐
– Le tour du monde en quatre-vingts jours. ☐
– Le secret de la licorne. ☐

Vous connaissez Tintin ? Dans quel album le capitaine Haddock retrouve la trace d'un de ces ancêtres ?
– L'île noire. ☐
– Le trésor de Rackham le Rouge. ☐
– Coke en stock. ☐

L'histoire.

Cochez la bonne réponse.

Le bateau scientifique qui emmènera les chercheurs s'appelle :
– *Investigator*. ☐
– *Nautile 7 bis*. ☐

Anacleto est :
– le capitaine du bateau. ☐
– le cuisinier du bateau. ☐

Cédric Mersuzon est :
– navigateur sur l'*Investigator*. ☐
– navigateur sur le *Nautile 7 bis*. ☐
– navigateur sur un voilier monocoque. ☐

Répondez aux questions.
– Qu'est-ce que fait Vincent en attendant le départ ?
– Qu'est-ce qui est arrivé à Cédric Mersuzon ?
– Qu'est-ce qu'on sait de plus sur l'*Opération Calamar Géant* ?
– Qu'est-ce qu'on sait de plus sur les calamars géants ?

Chapitre 4

L'expédition

Ça y est, c'est le jour J! Le bateau *Investigator*, avec toute l'équipe de l'*Opération Calamar Géant* à bord, plus Alicia et Vincent, part du port de Luarca pour la zone de pêche de Carrandi. Isabel et les amis d'Alicia sont sur le quai pour leur dire au revoir… Le cœur de Vincent se serre, il va rester deux semaines entières en pleine mer!

Heureusement, ce jour-là, il fait beau et la mer est calme. Vincent n'a pas le mal de mer! Dans la journée, ils arrivent dans la zone de Carrandi. À bord d'une petite embarcation zodiac, le cartographe marin et les techniciens partent placer la première caméra, sous l'œil attentif des chercheurs. Un flotteur orange marque au niveau de la mer l'emplacement de la caméra. Les deux jours suivants, les spécialistes de l'*Investigator*, avec le zodiac, continuent à placer des caméras à différents endroits de la zone de Carrandi. Le 3e jour, on pense à faire descendre le sous-marin *Nautile 7 bis*, prêté par IFREMER, le centre de recherches français d'où vient Gilles Floch, le père de Vincent, mais il y a une tempête assez forte. Vincent a le mal de mer. Il a mal au cœur et il n'est pas le seul! Deux techniciens sont allongés, malades. Le médecin de bord ne peut pas faire grand-chose! Vincent monte

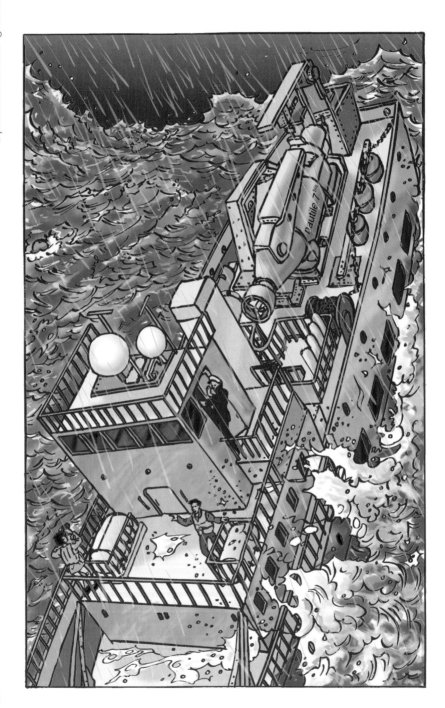

quand même sur le pont, où il retrouve son père qui regarde l'horizon. Ils sont près d'un des flotteurs qui indique l'emplacement d'une caméra et qui danse au milieu des vagues !

– Aïe ! aïe ! aïe ! J'espère qu'elle ne se détachera pas ! dit Gilles.

Au même moment, une grosse vague arrive sur le pont.

– Rentrez vite, crie le capitaine.

Le bateau tangue et Vincent et son père rentrent rapidement, tout mouillés !

– La mer est trop agitée, c'est dangereux d'être sur le pont ! ajoute le capitaine… et il a raison !

La nuit commence à tomber. Le bateau n'avance plus, il attend la fin de la tempête. Dans la salle commune, les uns et les autres se regardent, sans rien dire. Si les flotteurs se détachent, les caméras resteront au fond de la mer, et on ne verra rien… si les flotteurs se détachent, on perdra les millions d'euros qu'a coûté l'*Opération Calamar Géant* !

Anacleto, le cuisinier philippin, prend la parole :

– Ça me rappelle une tempête dans le Pacifique, en 83 ! ! On pêchait l'espadon, dans une petite embarcation, avec un couple de touristes américains, et un ami à eux, un photographe, qui n'arrêtait pas de prendre des photos du bateau, des poissons, de la femme, de la femme surtout… Ils ne voulaient pas rentrer au port, ils payaient très cher. Les vagues étaient de plus en plus hautes…

À ce moment-là du récit, toute l'équipe a un haut-le-cœur : l'*Investigator* vient de monter sur une énorme vague. Les gens se regardent. Vincent s'accroche à la table, vert de peur ! Anacleto, lui, sourit et lui dit :

– Oui, des vagues hautes comme ça, dans un petit bateau, imagine ! Moi, j'ai aidé les autres à baisser les voiles, resserrer les cordages sur le pont, avant qu'il soit trop tard. La femme et son mari sont sortis sur le pont, malgré le tangage ; ils discutaient mais on n'entendait pas ce qu'ils disaient à cause du bruit du vent et des vagues. Le capitaine leur a dit de rentrer à l'intérieur du bateau, et l'homme a dit : « On paie, on fait ce qu'on veut ! » Il a à peine terminé sa phrase que la femme a été enlevée par une vague ! « *Help ! Help !* » Elle criait et demandait de l'aide ! Le photographe est sorti, il a regardé le mari, tout vert, qui regardait la mer, et moi, pendant ce temps-là, je me suis accroché à une corde et je me suis jeté à l'eau… Impossible de retrouver la femme dans cette mer en furie. On entendait parfois un cri, on apercevait une main entre deux vagues et des rafales de pluie, et puis je l'ai vu : le requin, un requin blanc, énorme, qui s'approchait… j'ai voulu regagner le bateau, mais…

À ce moment-là, le bruit d'un gros choc réveille l'auditoire !

– Non, ce n'est rien, c'est le zodiac qui s'est cogné contre le bateau, rien de grave, explique un marin en entrant dans la salle.

– Alors ? demande Alicia au Philippin.

– Alors, j'ai vu la femme qui flottait, à deux mètres de moi… tout près du requin blanc. Et vous me croirez si vous voulez, mais c'est le requin blanc qui me l'a ramenée ! Et il est parti dans la nuit. J'ai tiré la femme jusqu'à la bouée et puis les marins nous ont remontés. Le photographe ne disait rien, il faisait des photos de la mer, du requin, de la femme, des marins, du mari…

– Mais la femme, elle était morte ou pas ? demande Vincent.

– Vivante, elle était vivante… mais elle n'a plus jamais reparlé de sa vie !

– Incroyable !

– Et le photographe, demande Alicia, qu'est-ce qu'il a fait ? Il avait des photos du requin blanc ?

– Aucune, juste une ombre blanche sur une photo.

La mer s'est calmée maintenant, et plus personne ne s'inquiète après la belle histoire du Philippin. Sauf Vincent : cette nuit-là, il rêve d'une terrible rencontre entre sa mère, le requin blanc, son grand-père qui prend des photos, et le calamar géant… Le lendemain matin, on vérifie tous les flotteurs : tout est en place, bien accroché aux caméras. On a pu enfin faire descendre le *Nautile 7 bis*, armé d'une caméra, à 3 000 mètres de profondeur…

Chaque jour, à différents endroits, le *Nautile* filme, et chaque jour, on a espoir de trouver des traces de calamar géant : une fois, le *Nautile* réussit à filmer un tentacule, un seul, et encore, pas entier.

Une autre fois, on peut apercevoir, entre deux grottes, un déplacement lent qui est peut-être celui d'un calamar géant. On voit un cachalot avec des cicatrices de ventouses de tentacule de calamar géant sur son ventre…

C'est vraiment énervant, tout ce travail avec si peu de résultat, même pour les optimistes incorrigibles que sont Angel et Gilles.

Pour passer le temps, les jours où il fait beau, Alicia et quelques techniciens et caméramen partent en zodiac, faire un peu de plongée. Alicia emmène toujours sa petite caméra au cas où… Elle a filmé des méduses, des bancs de poissons variés, la descente du *Nautile*… elle s'amuse beaucoup mais elle n'arrive pas à convaincre Vincent de venir avec elle.

Ce jour-là, Vincent s'ennuie particulièrement. Il a regardé et répondu à tous ses mails sur le portable de son père. Il ne sait plus quoi faire. Son père et Angel parlent avec le cartographe. Ils préparent le travail pour demain : ils vont changer les caméras de place pour avoir plus de chance de capter des images de calamars. Le *Nautile 7 bis* est en panne car il a heurté un poisson-lune. Il fait un temps splendide, et Alicia part en zodiac avec Anacleto et un technicien, « faire un petit tour dans l'eau », comme elle dit. Avant de partir, elle dit à Vincent :

– Allez, viens ! Tu vois, la mer est tranquillissime !

Vincent se laisse convaincre. La mer est plate comme l'eau de la piscine de ses grands-parents (quand Fred n'y plonge pas !), le soleil brille… Oui, ça donne presque envie de faire de la plongée… Le petit groupe, en zodiac, s'éloigne de l'*Investigator*. Les quatre plongeurs sont en haute mer, mais près du flotteur numéro 4, celui qui se trouve à l'entrée d'une pente sous-marine.

Pendant que le technicien reste à bord, Anacleto descend petit à petit vers le bas de la pente, en suivant la corde de la bouée. Alicia le suit et, comme toujours, elle a sa petite caméra sous-marine… Prenant son courage à deux mains, Vincent nage derrière elle le long de la pente. Régulièrement,

elle le regarde et lui demande si ça va, et il répond par le signe *ok*!

À un moment, il voit une anémone de mer surprenante sur un rocher et il s'arrête. Alicia remonte pour la voir. Elle veut la filmer avec sa caméra et elle se place un peu plus haut que Vincent pour mieux la prendre. Puis il y a un courant et son coude cogne le rocher. Elle lâche alors la caméra, mais Vincent peut la rattraper au vol... Il lui demande *ok?* et, en descendant vers lui, elle répond *ok*... C'est à ce moment-là que, venant des profondeurs, la bête apparaît derrière elle, énorme, gigantesque, blanche avec ses tentacules immenses. Elle doit être au moins à 10 mètres de là... Ces grands yeux tournoyant, ce corps ondulant, oui, c'est un calamar géant! Le cœur de Vincent se met à battre à toute vitesse, ils sont à quelques mètres à peine du zodiac... mais c'est clairement la direction que prend la bête... Elle prend peut-être le zodiac pour un cachalot? Et où est Anacleto qui est descendu vers le bas de la pente? Alicia, voyant la tête que fait Vincent, se retourne, et elle le voit elle aussi... Elle fait le signe de la victoire... et fait comprendre à Vincent qu'il a la caméra et qu'il doit filmer! Vincent prend la caméra, qui filme encore (ses pieds, sans doute!) et il regarde à travers le viseur. La bête paraît encore plus grosse! À ce moment-là, la bête change de

Opération calamar géant

direction et elle va droit vers eux. Ils sont en danger, Alicia est en danger! Mais, tout en faisant signe à Alicia de s'approcher, il continue à filmer, en s'accrochant à la corde, et en remontant vers la surface, doucement… lentement… Attention à la pression! Un banc de poissons apparaît derrière le calamar et l'animal change finalement de direction. Alicia reprend vite sa caméra pour filmer la course du calamar géant derrière les poissons et puis le calamar et les poissons disparaissent dans les profondeurs… Et, venu d'on ne sait où, Anacleto remonte: il s'était arrêté devant une jolie murène…

Ils remontent tous les trois sur le zodiac, puis ils se dirigent vers le bateau. Quand ils montent à bord, ils parlent tous à la fois et si vite que personne ne les comprend! Alors, Alicia sort la caméra et montre les images qu'ils viennent de filmer: les premières images officielles du calamar géant!

On ne sait pas encore ce que pourra filmer le *Nautile 7 bis* quand il sera réparé… et peut-être que les caméras sophistiquées capteront finalement le calamar… Mais en tout cas, grâce à Vincent, à Alicia et à leur petite caméra, nous avons les premières images d'un calamar géant vivant! L'*Opération Calamar Géant* a bien réussi!

Pour comprendre le Chapitre 4

Complétez les mots de l'illustration.

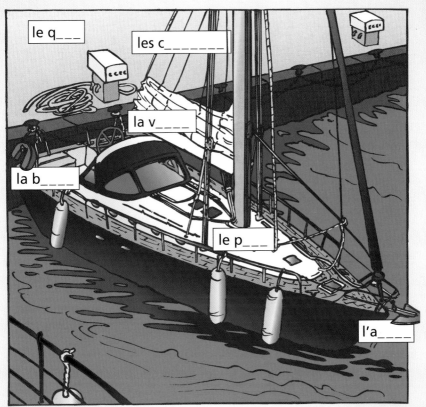

le q___
les c_____
la v_____
la b_____
le p___
l'a____

Cherchez, dans le texte, le mot qui correspond au verbe.

embarquer	...............................tion
flotter	...............................eur
viser	...............................eur
tanguer	...............................age

Retrouvez un verbe à partir de ces noms de métier.

chercheur ....

photographe ....

cuisinier ....

chasseur ....

pêcheur ....

Associez la profession à l'objet.

cameraman	•	• casserole
photographe	•	• caméra
marin	•	• carte
biologiste	•	• microscope
cuisinier	•	• pellicule
cartographe	•	• ancre

Un peu de culture.

Cochez la bonne réponse.

Anacleto raconte une histoire qui se passe dans le Pacifique. Il y a une île française qui se trouve dans le Pacifique sud, c'est :

– La Réunion.   ☐

– Madère.   ☐

– La Nouvelle-Calédonie.   ☐

La France métropolitaine, qu'on appelle aussi l'Hexagone, est entourée de :

– la mer Adriatique, la mer du Nord, l'océan Atlantique.   ☐

– la mer du Nord, la Manche, l'océan Atlantique,
la mer Méditerranée.   ☐

– la mer Méditerranée, l'océan Atlantique, l'océan Pacifique.   ☐

L'histoire.

Cochez la bonne réponse.

– Il y a plusieurs caméras qui filment les grands fonds. ☐

– Il y a une seule caméra qui filme les grands fonds. ☐

– Le 3ᵉ jour, le sous-marin *Nautile 7 bis* descend
dans les grandes profondeurs. ☐

– Le 3ᵉ jour, il y a une tempête. ☐

Le jour de la tempête, Vincent :

– a un chagrin d'amour. ☐

– a envie de vomir. ☐

Un jour, Vincent fait de la plongée :

– parce qu'il fait beau et qu'il s'ennuie. ☐

– parce que son père et Alicia l'obligent. ☐

Répondez aux questions.

– Qu'est-ce que font les spécialistes de l'expédition pour filmer le
calamar géant ? Est-ce que ça marche ?

– Un jour, il y a une tempête. De quoi a peur le père de Vincent ?

– Le jour de la tempête, Anacleto, le cuisinier, raconte une histoire
avec un requin blanc. Racontez-la en 5 temps.

– Le jour où Vincent fait de la plongée, que se passe-t-il ?

– Finalement, qui réussit à filmer le calamar géant ?

Agaçant : énervant, irritant.

Agité : qui bouge beaucoup.

Attaquer : commencer à se battre avec quelqu'un.

Aveugle : qui ne voit pas.

Baigner (se) : aller dans l'eau, prendre un bain.

Bouder : refuser de parler aux autres, *faire la tête*.

Capturer : attraper, pêcher, chasser.

Cartographe : personne qui fait ou vérifie les cartes géographiques.

Chair : viande, muscles.

Costaud : fort, avec des muscles impressionnants.

Crevasse :

Distrait : qui oublie beaucoup de choses.

Embarcation : bateau, petit ou grand.

Farfelu : un peu fou, bizarre.

Flotteur : objet flottant servant à indiquer un emplacement dans la mer, bouée.

Gigantesque : énorme, très, très grand.

Haut-le-cœur (avoir un) : avoir l'impression que le cœur et l'estomac remontent dans la gorge.

J'en ai marre ! : J'en ai assez ! Je n'aime pas ça.

Mal au cœur (avoir) : avoir des nausées, avoir envie de vomir.

Mal de mer (avoir le) : avoir mal au cœur en mer.

Monstre : personne ou animal qui a une forme différente, laide, qui fait peur.

Pente : descente.

Performant : efficace, utile.

Rendre compte (se) : comprendre.

Rêve : histoire qu'on voit et qu'on vit quand on dort.

Tanguer : bouger de gauche à droite (un bateau).

Tentacule : *bras* des calamars, des pieuvres.

Tousser :

Trésor : quelque chose de précieux.

Sable :

Voilier : bateau à voiles.

Zone : endroit, lieu.

Édition : Brigitte FAUCARD
Couverture : Adrizar, Judith MORENO
Illustration couverture : Fernando DAGNINO
Illustrations de l'intérieur : Valérie GIBERT et Philippe SEDLETZKI
Maquette et mise en page : ALINÉA

ISBN : 2-09-031644-6
N° d'éditeur : 10127390
Imprimé en France par France Quercy, Cahors
N° d'impression : 52178d - septembre 2005